29 mai 1912

VENTE

Du Mercredi 29 Mai 1912

HOTEL DROUOT, SALLE N° 6

A DEUX HEURES

MEUBLES & SIÈGES ANCIENS

FAIENCES & PORCELAINES

TABLEAUX ANCIENS

BRONZES, SCULPTURES

TAPISSERIES

COMMISSAIRE-PRISEUR

M° F. LAIR-DUBREUIL

EXPERTS

MM. PAULME & P. LASQUIN Fils

CATALOGUE

DES

Meubles et Sièges Anciens

ET DE STYLE

Commodes, Bureau, Secrétaire, Tables, Meuble d'entre-deux, etc.,
en marqueterie de bois d'époques Louis XV et Louis XVI

BELLE CONSOLE EN BOIS SCULPTÉ D'ÉPOQUE LOUIS XV

Bahuts du XVII° Siècle,
Ameublements de Salons d'époques Directoire et Premier Empire.

FAIENCES & PORCELAINES

Miniatures, Éventails

TABLEAUX ANCIENS

Aquarelles, Dessins, Gravures

BRONZES, PENDULES, CARTELS

d'époques Louis XV et Louis XVI

SCULPTURES

TAPISSERIES DES XVII° ET XVIII° SIÈCLES

BRODERIE

DONT LA VENTE AUX ENCHÈRES PUBLIQUES AURA LIEU

HOTEL DROUOT, Salle N° 6

LE MERCREDI 29 MAI 1912

à deux heures

COMMISSAIRE-PRISEUR	EXPERTS
M° F. LAIR-DUBREUIL	MM. PAULME & B. LASQUIN Fils
6, rue Favart	10, r. Chauchat, 11, r. Grange-Batelière

EXPOSITION PUBLIQUE

Le Mardi 28 Mai 1912, de 1 heure et demie à 6 heures

CONDITIONS DE LA VENTE

Elle sera faite au comptant.

Les adjudicataires paieront *dix pour cent* en sus des enchères.

L'exposition mettant le public à même de se rendre
compte de l'état et de la nature des objets, aucune réclamation
ne sera admise une fois l'adjudication prononcée.

Paris. — Imp. de l'Art, CH BERGER, 41. rue de la Victoire

DÉSIGNATION

TABLEAUX
AQUARELLES, DESSINS
GRAVURES

ALBANE (École de l')

1 — *Nymphe et amour sur les flots.*
   Toile.

COEFFIER (P.)

2 — *Portrait de Femme.*
   Pastel ovale. Signé et daté : 1876.

DE TROY (Attribué à)

3 — *Portrait présumé du Maréchal de Belle-Isle.*
   Toile.

DUPRÉ (JULES)

4 — *La Bergère.*
   Dessin.

ÉCOLE ANGLAISE

5 — *Portrait d'Homme, assis, tenant une flûte.*
   Toile.

ÉCOLE ANGLAISE

6 — *Lady Dover et son enfant.*

   Esquisse.
   Cadre ancien en bois sculpté doré.

ÉCOLE FLAMANDE

7 — *Bestiaux au repos.*

   Panneau.

ÉCOLE FLAMANDE

8 — *Jeune Paysanne allaitant son enfant, et cam-*
   pagnard dans un intérieur.

   Panneau.

DIRKS HALL (Genre de)

9 — *La Partie de chant.*

   Panneau.

ÉCOLE FLAMANDE

10 — *Nativité.*

   Panneau.

ÉCOLE FLAMANDE

11 — *L'Enlèvement des Sabines.*

12 — *Épisode de l'Histoire ancienne.*

   Deux pendants.
   Panneaux.

ÉCOLE FRANÇAISE

13 — *L'Enfant blond aux colombes.*

   Toile ovale.
   Cadre ancien en bois sculpté.

ÉCOLE FRANÇAISE

14 — *Portrait d'un Sculpteur.*

> Toile ovale.
> Cadre ancien en bois sculpté.

ÉCOLE FRANÇAISE (xviiᵉ siècle)

15 — *Portrait de Jeune Femme.*

> En corsage blanc, brodé, décolleté. Draperie bleue, parée de perles. Chevelure bouclée. Elle lie les fleurs d'une gerbe.
> Cuivre.
> Cadre ancien en bois sculpté.

ÉCOLE FRANÇAISE (xviiᵉ siècle)

16 — *Portrait de Femme en robe blanche decolletée.*

> Toile ovale.
> Cadre ancien en bois sculpté.

ÉCOLE FRANÇAISE (xviiiᵉ siècle)

17 — *Portrait d'un Officier.*

> Toile.

ÉCOLE FRANÇAISE (xviiiᵉ siècle)

18 — *Portrait d'un Jeune Prince en cuirasse et riche habit brodé.*

> Toile.

ÉCOLE HOLLANDAISE (xviiᵉ siècle)

19 — *Marine.*

> Toile.
> Cadre ancien en bois sculpté.

ÉCOLE HOLLANDAISE

20 — *Paysage, village, avec charrette, cavalier, per-*
sonnages et bestiaux.
    Toile.

ÉCOLE HOLLANDAISE

21 — *Portrait présumé de Pieter Van Dam.*
    Panneau.

ÉCOLE HOLLANDAISE

22 — *Paysage, avec bestiaux et personnages près*
d'une chaumière.
    Toile.

ÉCOLE ITALIENNE

23 — *Paysage maritime, avec vaisseaux et person-*
nages près de ruines.
    Toile.

ÉCOLE ITALIENNE

24 — *Vierge et enfants.*
    Panneau.

ÉCOLE ITALIENNE

25 — *Vierge et Enfant Jésus tenant le globe cruci-*
fère, et deux anges.
    Fond d'or.
    Panneau.
    Cadre, époque Louis XIII, en bois sculpté.

GREUZE (D'après)

26 — *Le Paralytique.*

> Toile.

ISABEY

27 — *Les Brisants.*

> Peinture sur carton.
> Cachet de la *vente Isabey*, n° 88 du Catalogue.

JANINET (F.)

27 bis — *Le Repas des moissonneurs.*

— *La Noce de village.*

> Deux estampes imprimées en couleurs d'après WILLE ; .
> sans marge.
> Les titres collés au dos des cartons.

KURZ

28 — *Le Repas du campagnard.*
> Panneau.

MEULEN (Ecole de VAN DER)

29 — *Choc de cavalerie.*

> Panneau.

MEULEN (École de VAN DER)

30 — *Troupes se préparant à l'attaque.*
> Panneau.

MONNOYER (École de BAPTISTE)

31 — *Vase en pierre sculptée, à décor de personnages,
et chargé de fleurs.*
> Toile.

MONNOYER (École de Baptiste)

32 — *Vase en pierre, chargé de fleurs.*
Toile.

NATTIER (D'après)

33 — *Portrait de Femme en robe brodée et guir-*
lande de fleurs au corsage.
Pastel.

OSTADE (D'après Van)

34 — *Les Ménestrels.*
Deux pendants. Panneaux.

PILLEMENT (Jean)

35 — *Paysage accidenté avec paysage et troupeau.*
Toile. Signée et datée : *1793.*

ROBERT (Hubert)

36 — *Cérémonie funèbre, à Saint-Pierre-de-Rome,*
en l'honneur d'un Pape.
Toile.
Cadre ancien Louis XV en bois sculpté.

ROSSI

37 — *Marquis.*
Aquarelle.

ROSSI

38 — *Jeune Femme et vieux galant.*
Aquarelle. Signée

STEEN (D'après)

39 — *La Partie de cartes.*

Panneau.

TENIERS (Genre de)

40 — *Buveur à une fenêtre.*

Panneau.

VERNET (D'après)

41 — *Paysage maritime au crépuscule, animé de personnages.*

Toile.

42 — *Femme nue.*

Aquarelle d'après une fresque d'Herculanum.

43 — Deux gravures, d'après MORLAND : Reproductions modernes,

44 — *Portrait du Roi Louis XVIII.*

Gravure en couleurs.

FAÏENCES ET PORCELAINES

45 — Plat en céramique, genre Bernard Palissy.

46 — Sept pichets en faïences diverses.

47 — Service à thé en biscuit de Wedgwood, comprenant une théière, un sucrier, un pot à lait, deux tasses et deux soucoupes.

48 — Trois assiettes en faïence de Milan, décor fruits et fleurs en couleurs.

49 — Deux petits présentoirs en ancienne faïence de Milan, décor en couleurs : personnages, chien, oiseau.

50 — Deux plats en ancienne faïence de Delft, décor polychrome.

51 — Douze pots à crème couverts et un plateau en ancienne faïence de l'Est, décor en couleurs : fleurs.

52 — Quinze assiettes en faïence, décor en couleurs : fût de colonne, oiseaux, vases, etc.

53 — Partie de service en faïence, décor de style chinois : fleurs en couleurs; comprenant une soupière, un plat long, douze assiettes creuses, vingt-huit assiettes plates, neuf raviers, quatre compotiers, deux bouillons.

54 — Partie de service en faïence, comprenant qua-
rante-quatre assiettes plates ou creuses, quatre
compotiers ovales, quatorze plats ronds dimen-
sions variées, deux plats longs, deux soupières
couvertes, deux raviers ovales, quatre salières,
deux saucières et leur plateau.

55 — Trois plats en faïence hispano-mauresque, à
reflets métalliques.

56 — Plat en ancienne faïence de Rhodes, décor
fleurs et feuillages.

57 — Deux plats et quatre assiettes, en faïence de
Moustiers et de style, et une assiette en porcelaine genre Sèvres.

58 — Deux compotiers en ancienne faïence de Delft,
à côtes, décor polychrome dit : *A la Croix de
Saint-André*.

59 — Quatre salières doubles, avec moutardier
adhérent, en porcelaine décorée.

60 — Deux plats en ancienne porcelaine de Saxe,
l'un à marli gaufré, décor de fleurs en couleurs.

61 — Glace, dans un cadre en porcelaine décorée.

62 — Sucrier couvert en ancienne porcelaine du Japon, décor en bleu, rouge et or.

63 — Potiche en ancienne porcelaine du Japon, décor en bleu, rouge, or, et émaux de couleurs :
fleurs, rochers, etc.

64 — Six petites soucoupes en ancienne porcelaine de Chine, décors variés en couleurs.

65 — Grosse potiche couverte en ancienne porcelaide de Chine, décor à résilles en dorure et semis de fleurettes en émaux de couleurs, sur fond bleu.

66 — Paire de grands vases quadrilatéraux, à angles abattus on céladon de Chine, sang de bœuf.

67 — Paire de vases côtelés en ancien céladon émaillé jaune, lambrequins en émaux de couleurs au col et à l'épaulement. Ils portent des bouquets de lis formant candélabres et socle rocailles en bronze.

68 — Vase couvert en ancienne porcelaine de Chine, décor de lambrequins en bleu.

69 — Petit pot couvert en ancienne porcelaine de Chine, décor lambrequin en émaux de couleurs. Petite collerette en cuivre gravé, formant brûle-parfum. Époque Louis XIV.

MINIATURES, ÉVENTAILS

70 — Deux miniatures rondes : Portraits de
Louis XVI et de Marie-Antoinette. Cadre en
bronze doré.

71 — Éventail à monture de nacre ajourée, décoré
de personnages et festons de feuillages et fleurs
posés or et argent. Feuille peinte à la gouache :
Composition pastorale dans un paysage. Époque Louis XV.

72 — Éventail à monture de nacre finement ajouré.
Feuille peinte sur vélin, décorée d'un médaill-
lon : Vénus et les amours, par *Émile Wattier*.

72 *bis* — Miniature sur ivoire : Loth et ses filles,
dans un étui en bois incrusté.

BRONZES

73 — Coffret gothique en fer ajouré.

74 — Deux brûle-parfums en ancien émail cloisonné,
tige à renflement médian, sur pied hexagonal.

75 — Paire d'appliques à deux lumières en bronze.

76 — Brûle-parfum en laque noir ; monture en
bronze ciselé, à rocailles. Époque Louis XV.

77 — Deux candélabres, formés de potiches en porcelaine de Chine ; monture en bronze.

78 — Pendule en bronze ciselé doré et marbre
blanc ; de chaque côté du mouvement, une sta-

tuette de femme et un enfant nu tenant une guirlande de fleurs.

79 — Paire de cassolettes en marbre blanc et bronze doré, modèle à trépieds et têtes de boucs. Style Louis XVI.

80 — Pendule en bronze ciselé et doré, composée de deux personnages en costume du temps, debout de chaque côté du mouvement couronné d'une sorte d'obélisque. Socle à moulures ornées et contresocle en bois noir orné de bronzes. Cadran marqué : *A. V. La Croix, à Paris.* Époque Louis XVI.

81 — Pendule à cage en marbre blanc et bronze ciselé et doré, à décor de moulures ornées, chutes de fleurs, rinceaux feuillagés et vase de couronnement. Cadran marqué : *Humbert Droz, à Paris.* Époque Louis XVI.

82 — Cartel en bronze ciselé et doré, décor de rocailles, grands feuillages, fleurs ; couronnement fait d'un oiseau perché sur un treillage. Le cadran marqué : *Le Loutre, à Paris.* Époque Louis XV.

83 — Pendule en bronze ciselé et doré, ornée d'une figure allégorique de femme drapée et assise, accoudée sur le mouvement ; d'une guirlande et d'un mascaron. Socle en bois noir, avec frise de flots. Le cadran marqué : *COURIEULT A PARIS.* Époque Louis XVI.

SCULPTURES

84 — Cadre Louis XV en bois sculpté doré, à motifs rocailles, feuillages et fleurs.

> Haut., 1 m. 50 cent.; larg., 1 m. 15 cent.

85 — Statuette en terre cuite : Ganimède.

86 — Petit buste de Marie-Antoinette en terre cuite.

87 — Groupe en terre cuite, par A. CARRIER-BELLEUSE, représentant un enlèvement.

88 — Néréide couchée sur un chien, le corps terminé en poisson. Terre cuite, de *Clésinger*.

89 — Deux gaines en stuc peint.

90 — Buste de femme drapée en marbre blanc sculpté.

91 — Buste d'empereur romain en marbre blanc sculpté.

92 — Vasque en marbre blanc, formée de feuillages placés dans un vase supporté par une statuette d'enfant posant sur une base ornementée.

MEUBLES ET SIÈGES

93 — Banquette cannée en bois sculpté. Style Louis XV.

94 — Cinq chaises en bois sculpté, frontons à mascarons, xviie siècle. Couvertes en blanc.

95 — Ameublement de salon en bois sculpté doré, décor de cariatides et de chimères. Il est couvert en brocart fond crème et se compose de six fauteuils et deux chaises.

96 — Ameublement de salon en bois sculpté doré, et tapisserie, décor de fleurs, comprenant un canapé et quatre fauteuils.

97 — Ameublement de salon en acajou, d'époque Ier Empire, composé de : un bois de canapé à cols de cygnes et six bois de fauteuils ornés de palmettes et de lyres en bronze.

98 — Ameublement de salon en acajou, d'époque Directoire, couvert en panne grise. Il se compose de : deux canapés, une bergère et huit fauteuils.

99 — Baromètre en bois sculpté. Époque Régence.

100 — Table-vitrine, de forme ronde, en bois sculpté doré, sur quatre pieds à entrejambe.

101 — Guéridon en bois noir incrusté de burgau, décor fleurs, oiseaux.

102 — Petit guéridon à crémaillère en acajou, sur base tripode; dessus de marbre, ceinturé d'une galerie en cuivre.

103 — Rafraîchissoir, forme violon, en acajou, repose sur trois pieds réunis par deux tablettes d'entrejambe, galeries ajourées en cuivre. Dessus de marbre.

104 — Petite console à un pied en bois sculpté peint, décor de rocailles. Époque Louis XV. Dessus de marbre.

105 — Table à quatre tiroirs et pieds-gaines en ac a jou. Style Louis XVI. Dessus de marbre blanc.

106 — Écran en bois sculpté (redoré), décor montants à gaines, fronton ajouré et feuillagé ; patins à volutes. Époque Louis XIV. Feuille en ancienne soie brochée.

107 — Dais d'autel en bois sculpté doré et ajouré, décor de rocailles, feuillages et têtes d'anges.

108 — Bibliothèque, à deux corps, en acajou, ouvrant à trois portes. Filets de cuivre. Couronnement à balustre. Style Louis XVI.

109 — Buffet à hauteur d'appui en acajou, ouvrant à trois portes, orné de cannelures et moulures d'encadrement. Dessus de marbre blanc veiné.

110 — Meuble-desserte en bois de placage et marqueterie; pieds-gaines et tablette d'entrejambe, tiroirs sur les côtés. Dessus de marbre.

111 — Secrétaire, ouvrant à abattant, un tiroir et deux portes, en bois de placage. En partie du XVIIIe siècle. Dessus de marbre.

112 — Petit meuble d'entre-deux, en acajou, ouvrant à deux portes, avec tiroir intérieur, du temps de Louis XVI ; garniture de bronzes ciselés et dorés. Dessus de marbre blanc.

113 — Meuble à hauteur d'appui en laque rouge, décor de paysages animés de personnages et animaux en dorure, dans le goût chinois. Il ouvre à quatre portes et un tiroir. Garniture de bronzes : encadrements, chutes, etc. Dessus de marbre brèche d'Alep.

114 — Commode de forme mouvementée, sur pieds élevés, munie de deux tiroirs, en marqueterie de bois. Dessus de marbre. Époque Louis XV. Garniture de bronze.

115 — Petite table rectangulaire, mouvementée, ouvrant à trois tiroirs, en marqueterie. Époque Louis XV.

116 — Bureau dos d'âne en bois de placage, sur pieds cambrés. Époque Louis XV.

117 — Petit meuble étroit et bas, ouvrant à deux portes, en bois de placage. Il porte l'estampille de *J. Thuart*. Dessus de marbre.

118 — Petite table Louis XV, à trois tiroirs, en marqueterie de bois de rose et galerie de cuivre.

119 — Petite commode, de forme mouvementée, munie de deux tiroirs et reposant sur quatre pieds élevés et cambrés, en marqueterie de bois de couleurs. Décor de carrelages, rosaces, fleurettes dans des encadrements mouvementés. Dessus de marbre. Époque Louis XV.

120 — Console d'entre-deux, à quatre pieds réunis par un motif d'entrejambe, en bois finement sculpté et ciré ; décor de coquilles, rocailles, fleurettes, etc. Dessus de marbre. Époque Louis XV.

Larg., 1 m. 65 cent.

121 — Meuble, à deux corps, en bois sculpté, ouvrant à quatre vantaux séparés par un rang de tiroirs et décorés de statuettes. La partie supérieure, en retrait, est ornée de deux colonnettes supportant l'entablement. XVIIe siècle.

122 — Bahut analogue en bois sculpté, ouvrant à quatre portes décorées de mascarons et de vases de fleurs. XVIIe siècle.

TAPISSERIES ANCIENNES
BRODERIES

123 — Devant d'autel en soie richement brochée et
brodée de soie et de métal, décoré d'un médail-
lon à sujet à personnage, fleurs et fruits. Epoque
Régence.

124 — Deux pièces : bordures en ancienne tapisserie.

> Mesurant environ 6 m. 90 cent.

125 — Pente en ancienne tapisserie : Trophées
d'amours et d'instruments de musique.

126 — Deux bandeaux faits de bordures en ancienne
tapisserie à fleurs.

> Haut., 45 cent.; larg., 1 m. 70 cent.
> Haut., 45 cent.; larg., 2 m. 10 cent.

127 — Deux morceaux de bordures en ancienne
tapisserie à fleurs et fruits, encadrés de peluche
rouge. — Deux morceaux à guirlandes et bouquets de fleurs, et deux fragments d'ancienne
tapisserie.

128 — Petit bandeau en ancienne tapisserie à sujet
de chasse. xvie siècle.

> Haut., 20 cent.; larg., 1 m. 05 cent.

129 — Cinq petits panneaux pour garniture de siè-
ges en ancienne tapisserie, présentant des oiseaux dans des paysages.

130 — Quatre petits panneaux en ancienne tapisserie, présentant des animaux variés.

131 — Tapisserie du xviie siècle, présentant dans
un paysage un groupe d'enfants, dont l'un tenant une faucille est endormi sur une gerbe de
blé. Bordure variée à rinceaux, fleurs et orne-
ments.

Haut., 2 m. 75 cent., larg., 1 m. 45 cent.

132 — Tapisserie d'Aubusson du xviie siècle : Sujet
historique à grands personnages. Bordure d'encadrement incomplète faite de colonnes sur les
côtés et de torsades de fleurs en haut et en bas.

Haut., 2 m. 63 cent.; larg., 5 m. 20 cent.

133 — Tapisserie rectangulaire d'Aubusson du xvii^e
siècle, représentant un sujet de l'histoire ancienne, à grands personnages dans un paysage.
Encadrement de bordures, guirlandes, colonnes
à chapiteaux.

Haut., 2 m. 60 cent.; long.. 5 m. 20 cent.

134 — Tapisserie d'Aubusson du xviiie siècle, représentant dans un paysage un groupe de plu-
sieurs personnages : la Diseuse de Bonne
Aventure. Bordure d'encadrement simulant un
cadre fait d'une baguette à torsade de fleurs.

Haut., 2 m. 20 cent.; larg., 3 m. 45 cent.

135 — Tapisserie rectangulaire du xviiᵉ siècle (en
deux parties) : parc avec petit château, cours
d'eau avec cascades et oiseaux. Encadrement
de bordure sur trois côtés, rinceaux fleurs et
feuillages.

Haut., 2 m. 25 cent. ; larg., 3 m. 25 cent.

136 — Tapisserie du xviiᵉ siècle représentant dans
un parc, au premier plan, deux cavaliers s'exer-
çant pour un carrousel, à droite un campagnard,
et un palais avec personnages et chien. Dans le
fond et à gauche, jardin à la française, char-
milles, jeu d'eau. Encadrement de bordures,
enroulement de fleurs et feuillages.

Haut., 4 mètres ; larg., 5 mètres.

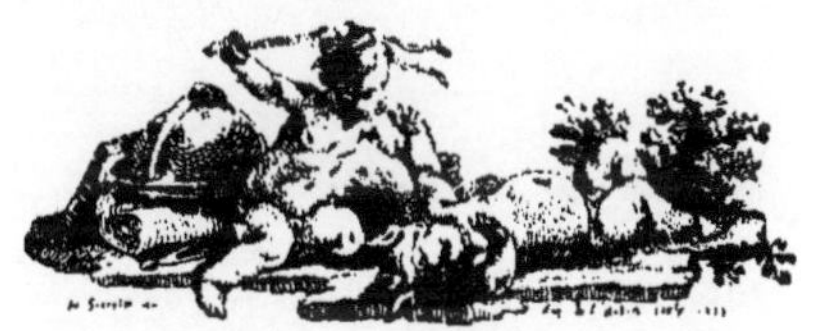

www.ingramcontent.com/pod-product-compliance
Ingram Content Group UK Ltd.
Pitfield, Milton Keynes, MK11 3LW, UK
UKHW031716170726
13836UKWH00001B/271